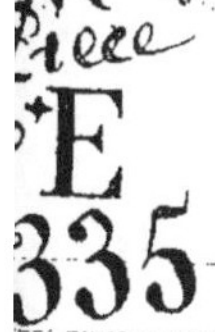

ASSOCIATION FRANÇAISE

POUR LA

SOCIÉTÉ DES NATIONS

———

PARIS, 24, Rue Pierre-Curie, 24 (V^e)

TÉLÉPHONE : GOBELINS 38-03

———

Appel-Programme

Statuts

Composition du Conseil et du Bureau

PARIS
IMPRIMERIE Georges CADET
7, rue Cadet (9e)

ASSOCIATION FRANÇAISE

POUR LA

SOCIÉTÉ DES NATIONS

PARIS, 24, Rue Pierre-Curie, 24 (V^e)

TÉLÉPHONE : GOBELINS 38-03

Appel-Programme

Statuts

Composition du Conseil et du Bureau

PARIS
IMPRIMERIE GEORGES CADET
7, rue Cadet (9e)

APPEL
DU COMITÉ D'INITIATIVE

I

Pourquoi nous créons aujourd'hui cette Association.

Les succès foudroyants des armées alliées, la capitulation de la Bulgarie, de la Turquie et de l'Autriche-Hongrie, la demande d'armistice et les propositions de paix des Puissances centrales, les réponses décisives du président Wilson, tout présage aux peuples libres la prochaine victoire de la Justice et du Droit.

Mais il importe que cette victoire soit définitive.

Il ne faut pas qu'une pareille catastrophe s'abatte à nouveau sur le monde. C'est pour en conjurer le retour et pour épargner cette épreuve à leurs fils que, de la mer du Nord aux rivages d'Asie, les soldats de la liberté offrent leur vie depuis quatre ans.

Pour qu'il en soit ainsi, il ne faut pas qu'au lendemain de la victoire, des compromis et des marchandages, conclus à la faveur de tractations particulières entre les Etats, puissent créer une situation internationale qui ne serait qu'une trêve, un piège dangereux entre tous, et comme la préface de conflits nouveaux.

Pendant des siècles, le monde a vainement cherché la paix dans les combinaisons d'une politique fondée sur l'équilibre des forces, équilibre changeant à chaque poussée des ambitions et des intérêts.

En 1909, deux ans après la Conférence de La Haye où il présidait la Commission plénière de l'Arbitrage International, M. Léon Bourgeois disait : « Il faut qu'à la Diplomatie de la Force succède la Diplomatie du Droit. » Pour que la paix soit durable et sûre, il faut que le règne du droit soit établi. Sinon, la victoire n'est qu'une illusion, et la vraie bataille est perdue.

Il y a quelques semaines, le président Wilson affirmait ces vérités : « Les problèmes posés doivent être « résolus non par un arrangement, un compromis ou « une conciliation d'intérêts, mais d'une façon défini- « tive, une fois pour toutes, et avec l'acceptation com- « plète et non équivoque du principe que les intérêts « des plus faibles sont aussi sacrés que les intérêts des « plus forts... La Paix durable et sûre ne saurait être « obtenue qu'au prix d'une justice impartiale, et le « moyen indispensable pour y parvenir, c'est la So- « ciété des Nations. »

Ainsi, ce qui fut le rêve de nobles précurseurs est devenu le dessein réfléchi des soldats et des peuples.

L'œuvre entreprise à La Haye et qui n'a pu qu'être ébauchée par suite des arrière-pensées agressives des Empires Centraux s'impose aujourd'hui à tous et doit être conduite à son achèvement.

Mais la Société des Nations dont la formule, française d'origine, a été reprise en termes lumineux par le président des Etats-Unis d'Amérique, exige pour se traduire dans les faits deux conditions essentielles : une définition rigoureuse de son principe et de son

objet ; un plan profondément étudié de son fonction-
nement et de ses garanties. Il y faut en outre l'adhésion populaire, un vaste mouvement de foi.

Nos alliés de Grande-Bretagne et d'Amérique ont
compris cette nécessité de s'appuyer sur l'opinion
publique. Des associations s'y sont fondées, où sont
fraternellement unis les représentants des élites intel-
lectuelles et ceux du monde du travail

En France, en dépit de quelques initiatives utiles et
de projets souvent discutés, aucun groupement n'a pris
une extension suffisante pour répondre avec autorité à
l'initiative des grandes associations étrangères.

Il faut agir. Pour une action qui domine de bien
haut les différences d'opinion, de croyance ou de parti,
nous faisons appel à tous les Français.

II

Nos principes. — Notre programme.

Quels principes communs voulons-nous défendre ?
Pour quelle action commune nous associons-nous ?

Il faut que le Droit soit organisé dans le monde.
Le besoin de cette organisation est tel que même les
responsables de cette guerre de violence affectent d'accepter les formules d'une Société des Nations, et leur
ralliement apparent s'affirme avec d'autant plus d'in-
sistance que la menace grandissante de la défaite
accroît chaque jour leur crainte des sanctions désor-
mais inévitables.

Cette tactique des ennemis rend plus urgent que ja-
mais un accord entre les Alliés. Ce sont en effet les
peuples libres qui doivent fixer les bases inébranlables

de l'édifice ; ce sont ceux qui ont combattu pour le droit qui doivent d'abord, dans un esprit d'entière confiance mutuelle, en promulguer les règles, en déterminer les garanties et s'en imposer dès maintenant à eux-mêmes les obligations. Il faut en arrêter les formules concrètes, et ne pas permettre à des nations sans bonne foi de chercher à reconstituer perfidement leur puissance de domination.

Une organisation de cette nature achèverait de nouer d'une façon indissoluble le faisceau des Alliés. Au moment où s'engageront les négociations pour la paix, elle rendrait inébranlable l'unité de leurs diplomaties.

D'autre part, en préparant immédiatement sa transformation en société juridiquement organisée, l'Entente prouverait au monde entier la sincérité et la hauteur morale de ses intentions ; elle démontrerait par l'exemple la valeur pratique de la solution qu'elle préconise pour éliminer des relations internationales l'emploi de la force.

Cette formation, d'abord partielle, d'une Société des Nations n'est pas un moyen d'arriver à quelque paix de compromis. Nous condamnons de toute notre énergie une telle paix qui serait une défaite morale. La paix ne naîtra que de la victoire des Alliés. Cette Société des Nations, dont le droit est la raison d'être, ne peut accepter qu'un traité qui fasse disparaître les causes de conflit en donnant satisfaction aux justes revendications des peuples et en imposant les réparations, les sanctions et les restitutions légitimes.

Nous appelons à se grouper avec nous tous ceux qui acceptent les principes essentiels suivants :

1° Il faut que la guerre présente se termine, dans la victoire de la démocratie, non par des traités qui consacreraient les abus de la force, mais par l'établissement d'une autorité internationale imposant aux nations, pour tous les conflits présents ou à venir, de quelque nature qu'ils soient, un régime, des procédures et des garanties de droit.

2° Le principe fondamental, dont l'autorité internationale garantira pour tous l'application, est le droit qu'ont les peuples de disposer librement de leur sort. Les petites ou les grandes nations ont droit également à leur indépendance entière. Toutes les souverainetés sont égales devant le droit. Toutes doivent s'incliner devant les décisions prises en commun. Elles s'engagent mutuellement à ne pas recourir à la force, l'emploi de celle-ci devant être réservé exclusivement à la Société internationale elle-même, comme sanction suprême dans le cas où l'un des Etats associés résisterait à ses décisions et dans celui où un Etat demeuré en dehors de la Société viendrait à troubler par la violence l'ordre international.

3° Pour qu'une nation soit admise dans la Société des Nations, il faut qu'elle adhère aux deux principes qui viennent d'être énoncés.

Il faut, en outre, qu'elle possède des institutions démocratiques qui la fassent pleinement maîtresse d'elle-même. Une nation qui obéit à un gouvernement irresponsable envers elle ne peut contracter valablement.

Les principes généraux étant ainsi établis, les applications pratiques et immédiates qui doivent en résulter sont, selon nous, les suivantes :

1° Les Alliés doivent, par une solennelle *déclaration collective*, faire connaître à tous les peuples, même ennemis, leur volonté arrêtée d'assurer une paix durable, en substituant, dans le monde, au régime de la force celui du droit organisé.

2° Lorsque les conditions de la paix auront été arrêtées, les Alliés devront appeler à une conférence internationale les Etats réalisant les conditions de fait et de droit qu'ils se seront imposées à eux-mêmes et constituer avec ces Etats la Société des Nations qui doit être, suivant la récente déclaration du président Wilson, « la partie la plus essentielle du règlement même de la paix ». _

C'est pour propager ces idées que nous vous demandons de vous joindre à nous.

Paris, le 7 novembre 1918.

STATUTS

ARTICLE PREMIER.

Il est constitué, entre les membres soussignés, considérés comme membres fondateurs, une Association qui prend le nom d'*Association Française pour la Société des Nations*.

ART. II

Sa durée est illimitée.

ART. III.

Le siège de l'Association est à Paris.

ART. IV

Pour aider à la constitution d'une Société, d'abord partielle, puis universelle, des Nations, l'Association se propose :

1° De faire appel à l'opinion publique et d'assurer à la démocratie française la part qui doit lui revenir dans l'organisation internationale du Droit.

2° D'étudier, dans le détail, les problèmes politiques, juridiques, économiques et militaires que posent, dans les rapports de la France et des Etats étrangers, la formation et le développement de cette conception supérieure des relations internationales.

3° De collaborer avec les Associations qui, à l'étranger, ont en vue le même objet.

4° D'aider le Gouvernement à résoudre les difficultés de tout ordre que la réalisation d'une telle idée peut rencontrer.

Art. V

Les moyens mis en œuvre par l'Association pour réaliser les objets définis à l'article précédent sont, notamment :

1° L'organisation de conférences publiques et privées;

2° La rédaction, la traduction, l'édition et la diffusion de tracts, brochures et ouvrages appropriés aux buts visés ;

3° La publication, le cas échéant, d'un périodique;

4° La création de groupes locaux de propagande et d'action ;

5° L'entretien de relations suivies, en vue d'une action concertée, avec les associations, ligues et groupements similaires de l'étranger.

Art. VI

L'Association, uniquement composée de Français, se déclare indépendante de tout parti politique ou social et de toute confession religieuse.

Art. VII

Les membres fondateurs ouvrent l'Association à quatre catégories de membres :

1° Membres adhérents;

2° Membres associés;

3° Membres donateurs;

4° Membres d'honneur.

Tous les membres signent une adhésion au pro-gramme de l'Association, défini dans l'Appel dont le texte est joint aux présents statuts.

La cotisation annuelle est, au minimum, de

Fr. : 2 pour les membres adhérents;

» 10 pour les membres associés;

» 50 pour les membres donateurs.

Les cotisations annuelles peuvent être rachetées par une souscription unique d'au moins 200 francs pour les membres associés et d'au moins 500 francs pour les membres donateurs.

Tout membre dont la cotisation est d'au moins 25 francs a droit à l'envoi de toutes les publications faites dans l'année par l'Association.

Il est statué sur l'admission des membres associés et des membres donateurs par une décision du Bureau.

Le titre de membre d'honneur est une distinction offerte par l'Association sur la proposition du Conseil, ratifiée par l'Assemblée générale. Il ne comporte le versement obligatoire d'aucune cotisation.

ART. VIII

La direction générale de l'Association est assurée par un Conseil. Son administration est confiée à un Comité exécutif pris dans le Conseil et nommé par lui.

ART. IX

Le Conseil est formé de trente membres.

Art. X

Les membres du Conseil sont nommés, pour la première fois, par l'Assemblée constitutive des membres fondateurs. Ils se renouvellent ensuite par tiers, tous les ans, suivant l'ordre des séries désignées par le sort. Les nouveaux membres sont nommés par l'Assemblée générale. Les membres sortants sont rééligibles.

Art. XI

Le Conseil nomme tous les ans le Président de l'Association. Il nomme également tous les ans un Bureau composé de :

Un Président ;
Six Vice-Présidents ;
Trois Secrétaires Généraux ;
Un Trésorier.

Il nomme en outre 8 membres qui forment avec le Bureau le Comité exécutif.

Le Comité exécutif a la gestion des intérêts et des biens de la Société. Il rend compte de cette gestion au Conseil dans une réunion plénière périodique.

Le Président du Comité exécutif représente l'Association en justice et dans tous les actes de la vie civile. Il ordonnance les dépenses dans les limites fixées par le Comité exécutif, d'accord avec les Secrétaires généraux.

Le Conseil peut également nommer des Présidents d'honneur. Ceux-ci ont de droit entrée au Conseil.

Art. XII

Le Conseil nomme des Commissions spéciales, au nombre d'au moins quatre, notamment :

Une Commission de propagande ;

Une Commission juridique ;
Une Commission économique ;
Une Commission du travail.

Les Commissions spéciales s'adjoignent, pour l'étude des questions dont elles sont chargées, un certain nombre de membres de l'Association recommandés par leur compétence. Elles nomment elles-mêmes leurs bureaux. Les Secrétaires généraux font partie de droit de toutes les Commissions.

ART. XIII

Une Assemblée générale ordinaire, comprenant les membres fondateurs, associés et donateurs, a lieu tous les ans, à la date fixée par le Conseil.

Des Assemblées générales extraordinaires peuvent en outre avoir lieu sur l'initiative du Conseil.

Les statuts ne peuvent être modifiés par l'Assemblée générale que sur la proposition du Conseil ou sur une demande revêtue des signatures du cinquième au moins des membres inscrits et soumise au Bureau un mois au moins avant la date de l'Assemblée générale.

Toute modification ne réunissant pas les deux tiers au moins des suffrages exprimés sera rejetée.

ART. XIV

La dissolution de la Société ne peut être prononcée que par une Assemblée générale spécialement convoquée à cet effet et réunissant au moins la moitié plus une des personnes ayant le droit de délibérer.

Si cette proportion n'est pas atteinte, l'Assemblée est convoquée de nouveau, mais à quinze jours au moins d'intervalle, et, cette fois, elle peut valablement délibérer, quel que soit le nombre des présences. Dans tous les cas, la dissolution ne peut être votée qu'à la majorité des deux tiers des voix présentes ou représentées.

L'Assemblée générale de dissolution a seule qualité pour régler l'attribution des biens de la Société, sous la réserve de ceux donnés à la condition expresse qu'ils resteraient aux mains de la Société.

En cas de dissolution, l'actif de la Société ne peut être versé, — après liquidation complète des dépenses — qu'à une œuvre philanthropique d'un caractère national.

COMPOSITION DU BUREAU
ET DU COMITÉ EXÉCUTIF

———

		MM.
Président général de l'Association		LÉON BOURGEOIS
Président du Comité exécutif ...		PAUL APPELL
Vice-Présidents		ST. DERVILLE
		A. KEUFER
		F. LARNAUDE
		DE LAS CASES
		A. MILLERAND
		MARCEL PREVOST
Secrétaires généraux		F. BUISSON
		RAIBERTI
		ALBERT THOMAS
Trésorier		RAPHAEL-GEORGES LEVY
Membres du Comité exécutif		LOUIS BARTHOU
		M. BIDEGARAY
		H. CHERON
		L. DUBREUILH
		A. FONTAINE
		CH. LYON-CAEN
		PINOT
		P. RENAUDEL

———

MEMBRES DU CONSEIL
DE L'ASSOCIATION

*(Décision de l'Assemblée Générale Constitutive
du 10 Novembre 1918.)*

PRÉSIDENTS D'HONNEUR :

MM.

S. Em. le Cardinal AMETTE.

ERNEST LAVISSE, *de l'Académie française, directeur de
l'École Normale Supérieure.*

ALEXANDRE RIBOT, *sénateur, ancien président du Conseil,
de l'Académie française.*

MEMBRES :

MM.

PAUL APPELL, *de l'Académie des sciences, doyen de la Faculté
des Sciences.*

A. AULARD, *professeur à la Sorbonne.*

LOUIS BARTHOU, *de l'Académie française, député des
Basses-Pyrénées, ancien président du conseil.*

ALEXANDRE BÉRARD, *sénateur de l'Ain.*

MARCEL BIDEGARAY, *secrétaire général de la Fédération nationale des employés de chemins de fer.*

JULIEN BLED, *secrétaire de l'Union des Syndicats ouvriers
de la Seine.*

LÉON BOURGEOIS, *sénateur de la Marne, ancien président
du Conseil, premier délégué de la France aux Conférences de La Haye.*

ARISTIDE BRIAND, *député de la Loire, ancien président du
Conseil.*

MM.

Edmond BRIAT, *vice-président du Conseil supérieur du Travail, secrétaire général de la Chambre consultative des Associations de production.*

Ferdinand BUISSON, *président de la Ligue des Droits de l'Homme et du Citoyen.*

Marcel CACHIN, *député de la Seine, directeur de* l'Humanité.

Adolphe CARNOT, *de l'Académie des Sciences, président de l'Alliance républicaine démocratique.*

Henry CHERON, *sénateur de Calvados, ancien ministre.*

Alfred CROISET, *de l'Institut, doyen de la Faculté des Lettres.*

Professeur DEBOVE, *secrétaire perpétuel de l'Académie de Médecine, doyen honoraire de la Faculté de Médecine.*

Stéphane DERVILLE, *président du Conseil d'administration des chemins de fer P.-L.-M., régent de la Banque de France.*

Paul DOUMER, *sénateur de la Corse, ancien président de la Chambre des Députés.*

Gaston DOUMERGUE, *sénateur du Gard, ancien président du Conseil.*

Louis DUBREUILH, *ancien secrétaire de la Commission permanente du parti socialiste.*

Jean DUPUY, *sénateur des Hautes-Pyrénées, ancien ministre, directeur du* Petit Parisien.

D'ESTOURNELLES DE CONSTANT, *sénateur de la Sarthe, délégué de la France aux Conférences de La Haye.*

Arthur FONTAINE, *inspecteur général des mines, directeur au Ministère du Travail.*

Vice-amiral FOURNIER, *de l'Académie des sciences, vice-président du Bureau des Longitudes.*

Marquise de GANAY, *présidente de l'Œuvre des infirmières visiteuses de France.*

Emile GLAY, *secrétaire général de la Fédération nationale des Amicales d'instituteurs.*

Arthur GROUSSIER, *député de la Seine, vice-président de la Chambre des Députés.*

MM.

Gabriel HANOTAUX, *de l'Académie française, ancien ministre.*

HEBRARD DE VILLENEUVE, *président de section au Conseil d'Etat.*

Edouard HERRIOT, *sénateur du Rhône, maire de Lyon, ancien ministre.*

A. KEUFER, *secrétaire général de la Fédération du Livre.*

Général DE LACROIX, *ancien vice-président du Conseil supérieur de la Guerre.*

F. LARNAUDE, *doyen de la Faculté de droit de Paris.*

DE LAS CASES, *sénateur de la Lozère.*

Henri LAVEDAN, *de l'Académie française.*

Israël LÉVI, *grand rabbin adjoint du Comité central des Israélites de France.*

Eugène LINTILHAC, *sénateur du Cantal, vice-président du Sénat.*

CH. LYON-CAEN, *secrétaire perpétuel de l'Académie des Sciences morales et politiques, doyen honoraire de la Faculté de droit de Paris.*

René MASSE, *président de la Chambre syndicale des Industries du Gaz.*

Mme MÉNARD-DORIAN.

A. MILLERAND, *député de la Seine, ancien ministre de la Guerre.*

Adrien MITHOUARD, *président du Conseil municipal de Paris.*

Wilfred MONOD, *pasteur de l'Eglise de l'Oratoire, professeur à la Faculté de théologie protestante de Paris.*

Paul PAINLEVE, *de l'Académie des Sciences, ancien président du Conseil.*

PINOT, *secrétaire général du Comité des forges de France.*

E. POISSON, *secrétaire de la Fédération nationale des Sociétés coopératives.*

Marcel PREVOST, *de l'Académie française.*

RAIBERTI, *député des Alpes-Maritimes.*

Pierre RENAUDEL, *député du Var.*

MM.

Louis RENAULT, *industriel.*

Charles RICHET, *de l'Académie des sciences, professeur à la Faculté de médecine.*

Henri ROBELIN, *secrétaire général de la Ligue de l'Enseignement.*

Henri ROUSSELLE, *président du Conseil général de la Seine.*

Louis SARRUT, *premier président de la Cour de Cassation.*

Marcel SEMBAT, *député de la Seine, ancien ministre.*

Jules SIEGFRIED, *député de la Seine-Inférieure, ancien ministre, président du Musée Social.*

Mme Jules SIEGFRIED, *présidente du Conseil national des femmes françaises.*

Albert THOMAS, *député de la Seine, ancien ministre.*

René VIVIANI, *député de la Creuse, ancien président du Conseil.*

André WEISS, *membre de l'Institut, professeur de droit international à la Faculté de droit de Paris.*

Paris. — Imp. G. CADET, 7, rue Cadet.